LA

PROPRIÉTÉ FONCIÈRE

ET

L'ÉTAT.

La République de 1848 n'a pas seulement à pourvoir aux réformes politiques, elle doit aussi songer aux réformes sociales.

Il est peu difficile de satisfaire aux réformes politiques : avec une juste distribution de droits civiques, avec le principe de l'élection, on répond à presque tous les vœux sans nuire matériellement à personne. Il n'en est point ainsi en ce qui touche les réformes sociales. Ce sont les intérêts privés qui sont en jeu, intérêts intraitables, toujours prêts à lutter, et qui ne cèdent qu'à la loi et à l'autorité qui la fait exécuter avec fermeté.

La société est atteinte d'un mal profond ; son anxiété est extrême. Les affaires sont paralysées, la confiance est détruite, et une grande nation qui était habituée à vivre sur un roulement d'affaires de trente à quarante milliards par an, est réduite à un numéraire de trois à quatre milliards, dont une partie peut être encore facilement soustraite à la circulation.

On entend dire de tous côtés : Il faut savoir être pauvre maintenant ! Déplorable résignation, qui conduit tout droit un grand peuple à sa décadence et à sa ruine ! Est-ce que la France peut vivre comme une tribu de sauvages ? Que ferez-vous alors

1848

de vos ouvriers en soieries, de ceux qui produisent les draps, les tapis, les bronzes, l'horlogerie, les articles de Paris et de toutes les grandes villes? Que deviendront les artistes et les arts, qui ont porté si haut la renommée de la France? Une nation comme la France peut supporter un état de gêne momentané, mais elle ne peut vivre dans une pauvreté continue : elle meurt ou elle est riche.

Et pourquoi être pauvre? Avez-vous en France un écu de moins qu'avant le 20 février 1848? Non. Pourquoi donc cette misère générale? C'est que la misère est factice comme la richesse. Remplacez un mot par un autre, remplacez *défiance* par *confiance*, et la prospérité renaîtra. Mais ramener la confiance, c'est tout le problème. L'État seul en a la solution en mains.

Croyez-vous que si, demain, le Gouvernement pouvait élever une montagne d'or au milieu du Champ-de-Mars, qu'il y conviât la France à une immense revue, que tous pussent voir cette richesse métallique, et qu'il lui plût ensuite d'augmenter d'un milliard la dette de l'État, ses inscriptions de rente ne seraient pas prises avec empressement par le seul fait de la confiance? Cette montagne d'or, que l'Etat ne possède pas, la France entière la possède sous forme de crédit; et en temps de calme et de confiance, elle s'en sert pour battre monnaie selon les besoins de son commerce.

Le numéraire n'est que l'appoint du commerce; il ne paraît que dans le détail. Un banquier est plus riche par son portefeuille que par sa caisse.

Que les trente millions d'habitants de la France reviennent à pouvoir créer, comme dans les temps de calme et de sécurité, mille francs seulement de billets par an, l'un dans l'autre, et nous atteignons le chiffre de trente milliards, égal à peu près à celui du mouvement commercial de la France.

Que les personnes qui ne connaissent pas le mécanisme de

la circulation commerciale se rassurent donc et ne se laissent point aller à des inquiétudes exagérées. L'argent n'a pas diminué, nous le répétons, mais il est insignifiant et hors de proportion, en tout temps, avec les besoins du commerce. C'est la valeur la plus importante, la valeur commerciale qui fait défaut; et la raison en est bien simple : il n'y a, pour ainsi dire, plus de banquiers pour escompter. Dès lors, le fabricant ne peut pas accepter en payement des billets dont il ne pourrait rien faire; le négociant ne le peut pas davantage; la marchandise ne trouve pas de débouchés, et personne ne pouvant plus fabriquer d'argent représentatif, la circulation a cessé et la paralysie est venue.

Mais rien n'est désespéré. Il ne faut qu'une seule chose, la confiance ! Les éléments essentiels à l'activité des affaires existent toujours et sont toujours les mêmes. Ils sont tout prêts à fonctionner. Avec la confiance, les banquiers rouvriraient leurs comptoirs, les fabricants accepteraient des billets en payement, les consommateurs de l'intérieur et de l'extérieur absorberaient les produits, et avec la consommation renaîtraient le travail et le salaire.

Il faut le reconnaître, cette confiance, si désirable, ne peut renaître seule. On revient de soi-même d'un mal ordinaire; mais quand ce mal est grave, il faut des secours en dehors. C'est au gouvernement à apporter à la société les remèdes énergiques qui peuvent la sauver. Son intervention est nécessaire. Qu'il ménage autant que possible les intérêts de tous, mais qu'il ne se préoccupe pas de quelques froissements inévitables. Si une mesure vient en aide au plus grand nombre, dût-elle blesser quelques-uns, qu'il n'hésite pas à l'adopter ! Qu'il songe surtout au crédit de l'État, qu'il groupe le plus possible d'intérêts privés autour de lui : c'est le point de centre d'où partent les rayons qui vivifient le crédit particulier.

Ces considérations nous avaient amené à traiter trois grandes questions sociales : la naissance, le mariage et la propriété foncière dans ses rapports avec l'État.

Nous laissons de côté les deux premières pour le moment. Elles n'auraient pas assez de puissance d'actualité pour agir sur la situation présente. Le bien que nous en espérons ne se ferait sentir que dans des années, et c'est au plus pressé qu'il faut courir. C'est à la situation financière qu'il faut s'attacher. Relever le crédit, ramener le travail, c'est là qu'est le salut de tous. Nous aborderons donc sur-le-champ la troisième question qui a fait l'objet de nos méditations : ***La propriété foncière et l'Etat.***

LA

PROPRIÉTÉ FONCIÈRE

ET L'ÉTAT.

C'est dans les rapports de la propriété foncière avec l'Etat que se trouve le plus puissant levier de crédit et de travail.

Si un décret contient les dispositions suivantes :

Il est créé un grand-livre de la dette hypothécaire.

Le grand-livre de la dette hypothécaire sera administré par une institution analogue à celle de la Banque de France, jouissant de la même indépendance, mais incessamment soumise à la surveillance de l'Etat.

L'administration du grand-livre de la dette hypothécaire est autorisée à créer des coupons de rente cinq pour cent au pair.

Ces coupons seront au porteur et divisés en fractions de 50, 25, 10 et 5 fr. de rente, pour coïncider avec les billets de banque de 1,000, 500, 200 et 100 fr.

Ils auront cours légal et forcé au pair.

Sur la demande des propriétaires fonciers, ces coupons de rente leur seront prêtés dans des limites de prudence et de sécurité dont l'administration sera juge.

Tout propriétaire dont la propriété sera hypothéquée, devra rembourser immédiatement les créances qui le grèvent jusqu'à concurrence des sommes qui lui seront prêtées.

L'Etat, représenté par l'administration, est substitué dans ces créances.

L'administration accorde vingt ans au débiteur pour se libérer. Elle lui accorde aussi la faculté de se libérer par annuités. Moyennant une somme de trente francs par an, en dehors de l'intérêt, payés vingt fois dans le cours de vingt années, le débiteur est libéré d'une somme de mille francs.

Ces annuités seront appliquées à l'amortissement des rentes créées.

Aussitôt après un pareil décret rendu, après le temps strictement nécessaire pour confectionner les registres et les titres, l'application peut commencer, et la classe qui offre le plus de ressources dans le pays, celle qui peut faire entreprendre le plus de travaux, toute la classe des propriétaires se trouve immédiatement soulagée.

Elle est soulagée, en effet; car nul n'hésitera à changer une dette à courte échéance contre une dette à long terme, et le cours des coupons étant déclaré légal et forcé au pair, le créancier hypothécaire devra recevoir en rentes le remboursement qui lui sera offert par son débiteur.

Il n'est créé, on le voit, aucun papier nouveau. Il est donné seulement plus d'extension et une allure nouvelle à un papier qui existe déjà et que tous les capitalistes connaissent et apprécient.

Quelques intérêts sont froissés en apparence par la transformation forcée, au gré du débiteur, d'un titre hypothécaire en un titre sur l'Etat; mais, en réalité, les revenus ne sont pas diminués d'un centime.

Le capitaliste, prêtant sur hypothèques, ne touche presque jamais son capital. Il le replace quand il le retire et il ne lui demande jamais qu'un intérêt de cinq pour cent. L'Etat le lui paiera aussi bien que son débiteur primitif hypothécaire, devenu à son tour débiteur de l'Etat et lui apportant le même gage.

D'ailleurs il faut absolument sortir de la situation, et on ne peut le faire que par des moyens humains. Nous n'avons pas sur la terre de miracles à notre disposition. Si, pour un léger tort à quelques uns, plus idéal que réel, on fait beaucoup de bien à un grand nombre, il n'y a pas à hésiter!

Les débiteurs hypothécaires avaient au plus cinq ans pour se libérer; un grand nombre n'ont plus que un ou deux ans, beaucoup même sont à terme et sous le coup d'exigences de remboursements impossibles à effectuer.

L'Etat leur dit :

Je vous prête des rentes cinq pour cent au pair, à la charge de payer avec ces valeurs vos créanciers hypothécaires que je désigne et dont je prends la place; je vous donne vingt ans pour me rembourser, et je ne ne vous demande que cinq pour cent d'intérêt, plus un demi-décime pour mes frais de perception.

Pour 1000 fr. de capital. . . .	50 fr.	»	d'intérêt annuel.
Plus 1/2 décime.	2	50	
TOTAL. . .	52	50	

Moyennant quoi je vous affranchis de tout renouvellement, substitution, droits de quittance, etc., et souvent d'un intérêt en dehors, d'autant plus lourd qu'il se paye d'avance, en bloc, et sur toute la durée du contrat.

L'Etat ajoute :

Je vous laisse encore un autre avantage, c'est la faculté de me rembourser par annuités, c'est-à-dire qu'en me payant tous les ans trente francs (outre les cinquante-deux francs cinquante centimes qui représentent l'intérêt légal et les frais de perception), vous êtes, au bout de vingt ans, complétement libérés envers moi d'une somme de mille francs.

Vous ne courez aucune chance, car votre premier créancier a disparu; c'est moi qui suis devenu votre créancier direct. Quoi qu'il arrive donc, vous n'avez rien à me demander; vous êtes constamment mon débiteur jusqu'à ce que vous m'ayez remboursé, soit par annuités, soit en bloc, par une inscription de rente égale à celle que je vous ai prêtée.

Si la rente est au-dessous du pair, je la reçois au pair comme je l'ai remise; si elle est au pair, donner de l'argent ou de la rente est la même chose; si elle est au-dessus du pair, comme l'Etat ne doit pas plus profiter de la hausse que souffrir de la baisse, je vous laisse le droit de me rembourser en espèces au lieu de le faire en coupons de rente. Libre à vous alors de vendre votre rente, de profiter de la différence, et de me donner seulement le capital calculé sur le taux du pair.

Les intérêts et les annuités (car nul doute qu'un grand nombre de débiteurs n'adoptent ce mode de remboursement) seront perçus par les receveurs des finances et percepteurs comme les contributions directes. Des quittances séparées, les unes pour les intérêts, les autres pour les annuités, seront remises au débiteur à chaque versement qu'il fera. Ces versements seront exigibles de six mois en six mois, et un mois avant le payement des semestres de la rente, c'est-à-dire aux 22 février et 22 août de chaque année.

Chaque débiteur aura son compte ouvert sur le grand-livre de la dette hypothécaire et un dossier où sera déposé le plan certifié de la propriété servant de gage, et l'indication détaillée du lieu où elle est située. Ce compte aura pour contrôle les registres des receveurs ou percepteurs, et les quittances remises aux débiteurs.

Il y a douze milliards environ de dettes hypothécaires en France; il faut donc six cents millions de rentes pour servir tous les intérêts. Mais ce que l'Etat paye d'un côté, il le reçoit de l'autre. Et l'on ne peut pas craindre que les intérêts dus par les propriétaires à l'État ne soient pas exactement payés ; car tous ces millions se payent très-régulièrement depuis longtemps, surtout pour les bonnes hypothèques, entre les mains des divers créanciers.

Ce n'est pas par les intérêts que les débiteurs hypothécaires périssent, c'est par le remboursement du capital, toujours exigible dans un temps trop court pour que le débiteur puisse faire des économies pour se libérer. Il est de plus en plus obéré par les frais de renouvellements ou de nouveaux emprunts, qui finissent par porter à 7 ou à 8 % le taux de l'argent qu'il a emprunté. Après deux ou trois renouvellements, il est obligé de succomber et de subir l'expropriation. Aussi la plupart des propriétaires sont-ils des riches malaisés qui ne peuvent faire aucune amélioration à leurs propriétés, qui se découragent et qui disent : « A quoi bon dépenser pour telle ou telle amélioration? Ma maison n'en vaudra pas un sou de plus. » C'est le langage qu'on entend partout. C'est qu'on ne se considère que comme propriétaire à-demi, toujours exposé à voir sa propriété vendue par expropriation, et souvent dans ce cas dépréciée outre mesure.

Il n'en serait point ainsi si on avait pour payer un délai de vingt ans. Mais un particulier ne peut pas prêter pour vingt ans. La vie de l'homme est trop courte, et trop de circonstances se présentent dans ce laps de temps où il faut liquider et réaliser les capitaux. L'homme n'ose donc pas aliéner pour plus de cinq ans. Ce que l'homme ne peut pas faire, l'État, qui ne meurt pas, le peut.

Avec vingt ans pour payer, avec la facilité de rembourser par vingtièmes, on n'hésiterait pas à faire à ses immeubles les améliorations qui en augmenteraient la valeur, et on s'ouvrirait ainsi de nouvelles facilités pour emprunter à l'État, qui prêterait de nouveau en rentes au pair, chaque fois que la plus-value de l'immeuble serait bien constatée.

Le sort des propriétaires ainsi amélioré, que de travaux en résulteraient! C'est la construction, dans les villes et les campagnes, qui emploie le plus d'ouvriers. C'est à elle que viennent aboutir presque tous les corps d'état. C'est la propriété qui est la base de l'édifice social; c'est elle qui rend le plus à l'État; c'est à elle que l'État demande le plus dans les moments de crise; c'est elle qu'il faut rendre sans retard à la vie et à la prospérité, parce que d'elle alors sortiront tous les moyens de travail qui iront répandre l'aisance et le calme dans toutes les autres professions. Les fabriques, le commerce, en ressentiraient l'heureux contre-coup; car l'aisance renaissant dans toutes les professions qui se rattachent au sol et à la construction des bâtiments, la consommation renaîtrait avec elle; et la consommation, c'est le mot de l'énigme de la prospérité d'une nation.

Rien n'est changé, dans ce système, aux rouages administratifs et financiers du gouvernement.

Même mode de perception que pour les impôts;

Frais de perception couverts par le demi-décime;

Cinq millions à l'État pour chaque cent millions d'intérêts à recouvrer.

Un géomètre ou architecte-expert serait officiellement attaché à chaque perception de finances. Un faible traitement fixe lui serait alloué; un droit proportionnel, déterminé par règlement du ministre des finances, lui serait acquis pour devis d'estimation et visa des plans de propriétés. Ce droit serait à la charge du propriétaire, qui pourrait toujours s'adjoindre son propre expert, pour que l'estimation fût contradictoire.

Des inspecteurs spéciaux d'hypothèques et des inspecteurs-experts seraient institués pour vérifier la marche des opérations et recevoir les réclamations.

Les hypothèques seraient divisibles. Lorsque le propriétaire d'un bien hypothéqué en bloc voudrait le diviser en plusieurs lots, il en ferait faire le plan parcellaire, l'estimation d'accord avec le géomètre ou l'architecte-expert du gouvernement, et chaque lot serait frappé seulement de l'hypothèque en rentes qui aurait été déclarée lui être afférente.

L'État ne pourrait exproprier qu'après dix-huit mois d'intérêts non servis, c'est-à-dire à partir des six derniers mois de la deuxième année. Les frais et formalités seraient les mêmes que pour les expropriations pour cause d'utilité publique, sauf les droits d'enregistrement, qui seraient maintenus ou adoucis.

Dès le premier terme d'intérêts manqué, l'État pourrait tenter la voie de contrainte par la saisie des biens-meubles, comme en matière de contributions. Il ne faut pas perdre de vue qu'on n'agit pas ici sur une classe nécessiteuse, comme celle qui a à payer les plus faibles cotes d'impositions. Tel qui aura à payer 525 fr. par an à l'État pour intérêts et demi-décime, aura un bien qui a pu supporter une hypothèque valable de 10,000 fr. Celui-là a toujours un mobilier d'une certaine valeur, et de plus en plus grande à mesure que l'hypothèque a pu être portée à un chiffre plus élevé. Bien entendu que le privilége de l'État pour les impôts et du propriétaire sur les biens-meubles est toujours réservé. Ce moyen n'est proposé que pour stimuler le débiteur.

Cette interdiction à l'État d'exproprier avant dix-huit mois d'intérêts non servis n'est point absolue; il pourrait exproprier sitôt après le premier terme ou le second terme d'intérêts non payés, s'il apercevait le moindre danger par suite du dépérissement du gage, de la mauvaise foi du débiteur, ou de toute autre cause. Nous avons voulu seulement consigner cette idée dans notre projet, pour témoigner de toute notre sollicitude pour la propriété, et de notre désir de lui donner toute assistance possible; mais nous n'entendons pas consacrer pour le débiteur un droit qui pourrait dégénérer en abus, et créer des embarras à l'administration de la dette hypothécaire, qui, elle, n'aura aucun délai pour acquitter les intérêts de ses coupons de rente.

Heureusement, il est peu à craindre que le débiteur par hypothèque manque au payement des intérêts. Les facilités qu'il retire de la combinaison que nous présentons lui permettent assurément de payer ces intérêts, et, en cas de gêne, il n'est pas, on peut en être sûr, d'efforts qu'il ne fasse pour y arriver.

L'État d'ailleurs ne se substitue pas à toutes les hypothèques, il ne va que jusqu'au rang de celles reconnues bonnes. Il laisse de côté toutes celles hasardées ou prises à toute chance par suite de jugements. Il ne touche en rien aux droits des créanciers venant après les hypothèques qu'il remplace. Loin de nuire à leur position, il l'améliore, car les facilités qu'il donne au débiteur commun permettent à celui-ci d'attendre une occasion favorable pour vendre et satisfaire à tous ses engagements.

Néanmoins comme il faut que la mesure que prend l'État soit efficace, il importe que la propriété ait quelque temps devant elle pour agir librement et n'avoir pas sans cesse à parer à droite ou à gauche les coups qui pourraient lui être portés. Dans ce but, le décret déclare que pendant deux ans à partir du jour où le propriétaire débiteur aura contracté avec l'État, les créanciers non remplacés par l'État ne pourront exercer aucune poursuite de saisie immobilière pour intérêts ou capitaux échus et non payés. C'est un délai forcé, mais qui est encore dans leur intérêt. Il faut laisser à la propriété le temps de se rasseoir et de rendre la vie aux travaux qui s'y rattachent. A quoi serviraient d'ailleurs ces poursuites? Ce sont souvent d'avides spéculations ou de malveillantes tracasseries. Dans la situation critique où nous sommes, si l'État n'intervient pas, la moitié des créances hypothécaires est perdue. Si l'État intervient, toutes ou presque toutes reprennent de la valeur dans l'avenir. Après ces deux ans, chaque créancier fait valoir ses droits à son gré; il n'est rien changé à la position de chacun.

Un compte est ouvert au grand-livre de la dette hypothécaire à chaque emprunteur. Des coupons de rentes au porteur de 50, 25, 10 et 5 fr. de rente lui sont délivrés. Ils ont cours légal et forcé au pair et coïncident avec les billets de banque de 1,000, 500, 200 et 100 francs.

La forme, le papier, la physionomie de ces coupons, seront réglés lors de la mise à exécution, de manière à satisfaire aussi complétement que possible au but qu'on se propose. Comme le billet de banque, il faut que ce papier se distingue bien et résiste à l'usé de la circulation.

Quel que soit le terme du payement des intérêts des coupons délivrés par l'État, quelque rapproché qu'il soit, l'État ou les receveurs des finances ne les reçoivent que pour leur valeur de capital. Il n'est point établi de décompte pour les intérêts à échoir prochainement. Ce serait une complication inextricable. Les particuliers peuvent faire ce décompte entre eux; on peut s'en rapporter à eux pour ne pas le négliger, mais l'État ne peut intervenir dans ces détails.

Chaque versement d'intérêts ou d'annuités est porté au crédit de l'emprunteur ; en versant une somme de *trente francs* par année pour *mille francs*, il est libéré au bout de vingt années. S'il manque une annuité, celles précédemment versées ne sont pas compromises ; seulement il recule d'autant l'époque de sa libération et se nuit à lui-même ; car ce n'est qu'après le payement intégral de vingt annuités qu'il reçoit mainlevée de l'inscription de l'État. Il est important pour lui d'être exact dans le payement de ses annuités, car il est soumis à payer les intérêts tant qu'il n'a pas éteint sa dette par le versement de l'intégralité des annuités.

Le débiteur peut en tout temps se libérer, soit en restituant des coupons de rente à l'État au pair, soit en espèces si la rente est au-dessus du pair. Lorsqu'il veut se libérer, il lui est fait le décompte des annuités qu'il a payées, et il n'a à fournir que le complément.

Les quittances d'annuités qu'il reçoit à chaque versement qu'il opère lui permettent d'établir à tout instant sa position, soit auprès de tiers, soit pour la justification de la position de son immeuble.

Les ventes d'immeubles ont lieu exactement comme par le passé. Elles sont beaucoup facilitées, car la créance hypothécaire de l'État se transmet de main en main. Tout individu avec le moindre capital, pourvu qu'il soit assuré d'être en état de payer les intérêts, et qu'il puisse faire d'ailleurs quelques économies pour payer les annuités, peut devenir propriétaire, et se préparer ainsi un bien-être pour l'avenir. C'est un grand élan donné à la propriété.

Les coupons de rentes sur l'État sont déclarés avoir cours légal et forcé au pair. L'État et les particuliers sont tenus de les recevoir comme les billets de banque. Ils sont présentés à la caisse de l'administration et reçoivent une estampille à chaque payement de semestre. Ils peuvent donc servir à toutes transactions, mais il n'est pas à craindre qu'ils descendent dans les menues dépenses de la vie matérielle. Les moindres représentant un capital de cent francs, ces coupons se trouveront circonscrits dans les régions des affaires telles que acquisitions d'immeubles, fabricants, construction de bâtiments et tous les corps d'état qui s'y rattachent, tous gens qui connaissent les affaires, qui savent ce que c'est que le papier, et qui apprécieront tout de suite la valeur et la portée de celui dont nous proposons l'émission.

Ce n'est point, du reste, un papier nouveau, car le coupon de rente existe déjà. C'est une extension de ce qui est; c'est la mobilisation des contrats hypothécaires qui dorment depuis des années dans les cartons des dix mille notaires de France.

Au lieu de ces contrats, les créanciers auront des coupons de rente. Ils se récrieront peut-être; ils diront qu'ils aiment mieux avoir pour débiteurs des immeubles que l'État; qu'il peut arriver que l'État ne puisse pas payer, qu'ils sont alors compromis et ruinés. Mais l'État c'est tout le monde; l'État a donc intérêt à payer tout le monde, car il en fait partie. S'il ne payait pas, c'est qu'il y aurait impossibilité absolue, ce serait une banqueroute générale, et les créances hypothécaires ne vaudraient guère mieux que les coupons de rentes. Pour quelques créanciers, les premiers inscrits, qui pourraient peut-être s'emparer à vil prix des propriétés, tous les autres seraient frustrés. Au risque de déplaire à quelques uns, il faut sauver le plus grand nombre.

D'ailleurs qui force tous ces timides à rester dans la rente? Ne peuvent-ils pas employer leurs coupons à acheter des immeubles, à prêter au commerce, à commanditer des fabriques? C'est précisément le but où nous tendons : créer des montagnes de travaux pour que tout le monde travaille, pour que tout le monde vive. N'y a-t-il pas des landes à défricher, des marais à dessécher, des terrains à boiser? L'Etat vous cédera tout cela pour des coupons de rente. Vous paierez les travaux avec des coupons de rente, et vous vous ferez des revenus émanant directement du sol, vous qui tenez pardessus tout au sol. Si les fonds vous manquent, à mesure que vous mettrez en valeur, vous aurez droit à votre tour à un prêt hypothécaire en rentes de l'Etat qui vous permettra de pousser vos travaux jusqu'au dernier perfectionnement. Vous aurez rendu service à vous, à l'Etat, à la population tout entière.

Pour créer des travaux sur tous les points, il faut que tout le monde s'y mette. Les cent francs de chacun feront plus que les millions du gouvernement. Quand on n'aura plus constamment en vue le numéraire, déplorable valeur représentative à cause de son insuffisance, quand on aura en mains des valeurs qu'à tort ou à raison on croira plus prudent de mettre dans la circulation que de tenir renfermées, les affaires bouillonneront de toutes parts; et précisément par cela qu'on aura cru risquer davantage, on aura acquis plus de sécurité, car on aura affaire à un pays devenu aisé, prospère, et non plus rongé par la misère et la défiance.

Remarquons du reste qu'aucune charge nouvelle n'est imposée à l'Etat. Il devient, au contraire d'autant plus fort que plus d'intérêts privés viennent se grouper autour de lui. Si (en admettant le maximum) il crée six cents millions de rentes, il reçoit chaque année six cent trente millions de la propriété foncière. Il ne crée du reste que proportionnellement à ce qu'il a à recevoir.

Il place successivement, sans qu'il lui en coûte rien, quatre mille géomètres qui lui rendent compte, année par année, canton par canton, de la situation du sol, de sa valeur, de sa fertilité. Ceux-ci stimulent les populations au travail et aux améliorations de la propriété de par un sentiment irrésistible, celui de leur propre intérêt.

L'État reçoit encore, par voie d'annuités (si, comme il est permis de le croire, chacun adopte ce mode de libération), trois cent trente-six millions par an, avec lesquels il amortit pour autant de coupons de rente, si la rente est au pair ou au-dessous du pair. Si la rente est au-dessus du pair, il emploie ces sommes aux chemins de fer, aux canaux, à tout ce qui doit donner un produit plus tard, de manière qu'il ait toujours à recevoir d'un côté ce qu'il doit payer de l'autre. L'œil toujours fixé sur l'échéance de vingt ans, il doit, à cette époque, avoir amorti toutes les rentes créées pour le remboursement des hypothèques, ou fondé des produits qui se balancent avec la somme de rentes non éteinte.

Combien la France ne peut-elle pas devenir florissante pendant cette période de vingt ans! D'un côté, la propriété soulagée, le sol fécondé, du travail pour tous, l'ordre établi, la confiance assurée ; de l'autre, le gouvernement détenteur de toutes les économies de la propriété foncière, chargé d'appliquer à l'amortissement de la dette du créancier ces économies qui se dissipent aujourd'hui en frais et en intérêts usuraires, et faisant servir ces sommes, soit à éteindre ses engagements, soit à créer des produits équivalents, quand la rente a dépassé le pair. A l'aide de ces ressources, toutes les grandes voies de communication s'achèvent, toutes les améliorations productives s'exécutent ; et le commerce, redevenu prospère, rendant au Trésor tout ce qu'il lui refuse quand il est frappé de stagnation, permet de supprimer ou d'adoucir les impôts qui lui nuisent ou qui pèsent trop lourdement sur la vie alimentaire.

Voilà tout ce que la France peut espérer par la suppression des entraves qui étreignent en ce moment presque toute la propriété foncière.

La République de 1792 a créé une chose admirable et qui a été d'une puissante fécondité pour le crédit de l'État : le GRAND-LIVRE DE LA DETTE PUBLIQUE. C'est à la République de 1848 à créer une chose qui renferme plus d'éléments encore de fécondité : le GRAND-LIVRE DE LA DETTE HYPOTHÉCAIRE.

Tous les esprits sont à la recherche de combinaisons pour relever le crédit et venir en aide aux finances de l'État.

Les uns veulent prendre les contributions pour base d'un papier-monnaie qui serait prêté aux propriétaires et qui entrerait dans la circulation ; les autres demandent des titres fonciers jusqu'à concurrence du quart ou du tiers de la valeur du sol, titres qui seraient garantis par les propriétaires collectifs et par l'État ; ceux-ci indiquent la voie des emprunts ; ceux-là, l'aliénation des domaines de l'État.

Tout ce qui est possible en temps ordinaire ne l'est plus dans des moments de crise.

Tout papier-monnaie fondé sur le sol, qu'on prenne pour point de départ d'appréciation les contributions ou la valeur foncière, sera toujours un papier-monnaie nouveau à qui il faudra des années pour se naturaliser, si même il y parvient jamais, et qui ne remédiera point à la situation présente.

Si l'État contracte des emprunts, il devient débiteur, obligé de rembourser un jour le capital ou de servir perpétuellement les intérêts. A qui d'ailleurs pourrait-il emprunter? A des banquiers? C'est cher et borné. A la Banque de France? Mais elle sera obligée alors de faire une nouvelle émission de billets pour répondre à cet emprunt, et son crédit pourrait en souffrir si ces emprunts se renouvelaient ou s'élevaient à de trop hautes proportions.

Si on aliène les biens de l'État, à qui les vendra-t-on? On a l'exemple d'une succession évaluée 55 millions qui se trouve embarrassée pour payer 15 millions de legs. Toutes les grandes acquisitions sont paralysées.

On reproche au système que nous présentons de ne pas mettre d'argent dans les mains de l'État.

C'est plutôt un bien qu'un mal, car il n'aura rien à rendre. Qu'importe à l'État d'avoir ou de n'avoir pas de grosses sommes en caisse, si le pays devient riche, si le budget des recettes rentre exactement! Sauf quelques cas exceptionnels où un emprunt peut lui être nécessaire pour parer aux impôts qu'il a abolis et pour faire face aux exigences immédiats, l'État, avec ses quinze cents millions par an, aura de quoi satisfaire à tout le jour où le budget des recettes rentrera régulièrement et intégralement. La France d'ailleurs lui offre une source de richesses qu'en temps de prospérité il peut exploiter à son grand profit et au profit de tous; ce sont les millions d'hectares de terre qu'il possède sur divers points du territoire.

Supposez que sur les 12 milliards de créances hypothécaires, ou 600 millions de rentes, un tiers seulement, dans un espace de temps assez rapproché, se trouve transformé en rentes. Il entre alors dans la circulation 200 millions en coupons de rentes, représentant 4 milliards de capital. Ces 4 milliards chercheront naturellement un emploi. Si une partie dort dans quelques portefeuilles, se contentant d'attendre son semestre, une autre, et ce sera la plus nombreuse, préférera livrer ses valeurs à la circulation, et entrera dans les fabriques, dans les usines, dans le commerce enfin, par voie de commandite, ou bien cherchera à acquérir des immeubles. C'est alors que peu à peu l'État pourra tirer parti de ses 10 millions d'hectares de terrain non pas stériles, mais non cultivés jusqu'ici plus par défaut de capitaux que par défaut de bras. Avec des capitaux, on a toujours des bras.

La certitude une fois acquise de pouvoir emprunter à l'État quand on aura commencé à mettre un bien en valeur, encouragera à tenter des travaux qu'on n'aurait jamais risqués sans cela. L'État pourra se défaire peu à peu alors de ses 10 millions d'hectares, qui, selon leur nature, seront employés à une culture quelconque qui profitera à l'État comme nouvelle matière imposable et au pays comme augmentation à ses produits alimentaires. En cédant à bas prix les premiers terrains demandés, le cours s'élèvera graduellement, et pour peu qu'il arrive à une moyenne de 100 fr. l'hectare, c'est une coupe de 10 milliards que l'État peut faire en vingt ans, sans avoir rien à rembourser à personne, en ajoutant au contraire à la richesse productive du pays.

Les géomètres-experts placés auprès des perceptions de finances serviront merveilleusement à faire connaître à l'État tous les biens qu'il possède et la valeur réelle qui peut leur être attribuée dans chaque localité.

En mettant pour ainsi dire en coupe réglée la vente de ces terrains, aujourd'hui stériles, l'Etat pourra aborder successivement, sans emprunts et sans toucher à son budget, les grands travaux d'utilité ou de luxe qu'une grande nation a constamment à faire. D'abord, l'indemnité aux colonies, soldée ou compensée par les premières ventes, puis les chemins de fer, puis l'achèvement du Louvre, puis les améliorations que réclament Paris et tant d'autres villes de la France pour fournir aux ouvriers des logements plus sains et des lieux de retraite pour leurs vieux jours; et enfin, si l'Etat pouvait avoir la bonne inspiration de prendre à cœur ce projet, l'exécution d'un canal latéral à la Seine qui amènerait dans les plaines de Génevilliers, en face la gare de St-Ouen, la navigation maritime de Rouen, c'est-à-dire des bricks de trois cents tonneaux qui flottent par centaines quelquefois le long du grand quai de Rouen. Dût ce canal ne rien rapporter, ce qui est loin d'être vrai, même en présence du chemin de fer de Rouen; dussent les navires être remorqués gratis et aux frais de l'Etat par de légers bâtiments à vapeur à hélice pour ménager les berges; dût ce canal enfin n'être qu'un monument de luxe comme Notre-Dame, comme le Panthéon, comme Versailles, comme ce que fait toute grande nation pour attester sa puissance et son génie, il faudrait l'entreprendre pour rajeunir Paris de deux cents ans, pour initier sa population à la vie maritime, et pour faire que tout ouvrier pût aller chaque matin de chez lui, sans fatigue, sans dépenses, visiter tous ces vaisseaux amarés aux quais, et conclure quelquefois un embarquement qui peut le conduire un jour à la fortune, ou qui aurait au moins pour effet de dégager la capitale de beaucoup de ces esprits inquiets et turbulents à qui il faut l'espace et les voyages lointains pour calmer l'ardeur de la jeunesse et acquérir de la maturité.

Le Havre est bien près, mais il est encore trop loin pour qu'un ouvrier puisse y aller chercher aventure. Il lui faut un peu d'argent qu'il n'a pas; il n'ose se risquer, et ce qu'il tenterait cent fois de suite si le moyen possible était à sa porte, il ne le tente pas une seule fois quand il faut qu'il fasse pour cela tout un voyage.

Qu'est-ce qu'un canal destiné à porter des vaisseaux? un canal plus large et plus profond qu'un autre. Ce n'est donc qu'une question d'argent. A l'aide du ciment romain, Londres a fait son tunnel sous la Tamise. La France aussi a ses mines de ciment romain pour conserver les eaux dans tout terrain et à toute profondeur. Si la Tamise venait à s'engorger et à refuser passage à ses navires, l'Angleterre ne serait pas trois ans à faire un canal sur ses rives pour y suppléer. Sans aller si vite, désirons qu'une partie des produits que la France peut raisonnablement espérer de la vente de ses terrains oisifs en ce moment, soit appliquée à l'exécution du canal de Paris à Rouen. En y destinant seulement douze millions par an, avant dix ans il sera achevé; et pendant dix ans on aurait entre Paris et Rouen d'immenses ateliers où des milliers de bras trouveraient de l'ouvrage, en accomplissant une œuvre qui n'aurait d'égale en importance pour le pays, ni dans le passé, ni dans l'avenir.

Le grand-livre de la dette hypothécaire, en jetant quelques milliards de plus dans la circulation, rendrait les crises financières plus rares et plus difficiles à se produire; mais il ne resterait pas moins un vaste champ ouvert au papier de commerce, puisque le mouvement commercial est de 30 à 40 milliards par an.

Avant la République de 1792, les propriétés en France étaient à peine hypothéquées. Les biens du clergé, ceux des familles princières, les biens substitués ne pouvaient être frappés d'hypothèques. C'est donc en cinquante ans seulement que l'hypothèque a envahi la propriété jusqu'à l'énorme somme de 12 milliards. Tout cet argent est dispersé et il n'en reste plus de vestige; il serait impossible de le reconstituer. La propriété n'est que fictivement dans un grand nombre de mains. Où cela s'arrêtera-t-il? D'un côté, des propriétaires obérés; de l'autre, pas d'acquéreurs et plus de prêteurs nouveaux. Un seul créancier, le premier inscrit, peut donc d'un jour à l'autre s'emparer d'une propriété qui était le gage de plusieurs et les ruiner tous. Il en surgirait un désastre général. Il faut y parer sans délai, en prolongeant l'échéance du remboursement des débiteurs par la substitution de l'État; en réunissant en faisceau les sommes prêtées par hypothèques depuis cinquante ans, et en les rendant à la circulation par la voie des coupons de rente hypothécaires.

Depuis que ces lignes sont écrites, beaucoup de projets se sont produits sur la propriété foncière. Cela prouve que cette grande question fermente dans tous les esprits. Ces projets diffèrent par la forme, mais au fond tout le monde est d'accord sur la nécessité de venir en aide à la propriété.

On dit généralement que le Gouvernement n'y est pas disposé. Nous devinons le motif de sa répugnance. Il craint sans doute de livrer à la circulation un nouveau papier-monnaie qui s'y éterniserait du moment où il ne serait pas remboursable, et qui, par son abondance et par une subite transition du taux de l'intérêt, pourrait jeter de la perturbation dans ses opérations financières, et même dans les transactions particulières.

Notre projet nous paraît exempt de cet inconvénient. Nous avons si peu la prétention d'avoir tout prévu, que nous ne présentons que des *éléments de décret;* mais ce dont nous sommes convaincu, c'est qu'on ne peut pas introduire moins d'innovations que nous ne le faisons.

Nous prenons les choses telles qu'elles sont, le taux de l'intérêt tel qu'il est. Nous n'avons qu'une durée temporaire. Le remboursement à l'Etat est obligatoire. Nous ne scrutons la propriété que pour examiner les hypothèques appréciées déjà par les notaires qui en ont passé les contrats. Nous prêtons *à terme* sur ces hypothèques, auxquelles nous nous substituons, et nous laissons une faculté de remboursement par annuités qui fait infailliblement rentrer chaque année une portion notable du papier que nous émettons.

Nous ne faisons que créer une monnaie pour la propriété foncière qui n'en a pas. La *monnaie* de l'appoint commercial, de la menue consommation, de la dépense de ménage, de la vie courante enfin, c'est le numéraire : trois ou quatre milliards pour toute la France. La *monnaie* du commerce, c'est le billet à ordre : vingt-cinq à trente-cinq milliards. La *monnaie* de la propriété, il n'en existe point. La preuve, c'est que la propriété a reçu douze milliards depuis cinquante ans et qu'il n'en reste rien ; tout cela s'est refondu dans le numéraire qui l'avait donné peu à peu et qui l'a repris de même. Nous voulons reconstituer ce capital, mais cette fois sous forme de monnaie spéciale de la propriété, pour que pareille chose n'arrive pas et qu'on ne lui reprenne pas en détail ce qu'on lui donne en gros.

Pour cela, nous mettons sur place un papier produisant cinq pour cent d'intérêt fixe, parce que nous avons aussi à recevoir cinq pour cent de la propriété.

Ce papier ne peut contrarier en rien les autres valeurs du Gouvernement ; il n'a d'analogie qu'avec la rente de l'État 5 %, quand elle est au pair. Loin de lui nuire, notre papier peut lui servir beaucoup quand elle est au-dessous du pair. Nous ne nous défaisons jamais, nous, de notre papier au-dessous du pair, puisque c'est une monnaie : on ne vend pas une pièce de vingt francs pour dix-huit francs. Mais quand la rente de l'État est au-dessous du pair, nous pouvons acheter cette rente avec nos coupons-monnaie, comme on l'achète avec des billets de banque, et nous remettons cette rente à l'administration du grand-livre de la dette hypothécaire, qui nous libère d'autant. Que lui importe que ce soit son propre coupon que nous lui remettions, ou des inscriptions de rentes de l'État? Du moment où elle a à recevoir sûrement un intérêt de 5 %, son but est atteint, et elle est en mesure de faire fonctionner son jeu d'amortissement.

N'est-il pas évident qu'il ne faudrait pas une émission de dix millions de coupons de rente de la dette hypothécaire pour ramener le 5 % de l'État au pair? Les remboursements à l'administration du grand-livre se feraient infailliblement avec de la rente de l'État, et ne s'arrêteraient dans cette voie que quand la rente serait au pair ; alors seulement les coupons de la dette hypothécaire pourraient lui faire concurrence, et les deux valeurs se nivèleraient. Mais qu'importe ! L'État n'a pas besoin que la rente soit au-dessus du pair : il n'en profite jamais ; car c'est un signe de prospérité, et l'Etat n'emprunte pas en temps de prospérité. Il est condamné à n'emprunter qu'au-dessous du pair ; l'état normal pour lui, c'est le pair. Le coupon hypothécaire serait là pour le lui maintenir ; car il aurait toujours avantage à se libérer avec la rente de l'État au-dessous du pair, puisqu'en échange de la sienne, il lui resterait un bénéfice.

Le système du prêt par coupons et de remboursement par annuités amènerait, pour l'administration du grand-livre de la dette hypothécaire, une opération roulante qui, en définitive, ne s'élèverait jamais guère au dessus d'une circulation de deux à trois cent millions de rente, c'est-à-dire d'un capital de quatre à six milliards, ce qui n'est pas exagéré pour toute la propriété foncière, et suffirait néanmoins pour la remettre en pleine prospérité.

ÉLÉMENTS DE DÉCRET

CONCERNANT

LA PROPRIÉTÉ FONCIÈRE ET L'ÉTAT.

ART. 1er. Il est créé un grand-livre de la dette hypothécaire.

ART. 2. Le grand-livre de la dette hypothécaire sera administré par une institution analogue à celle de la Banque de France, jouissant de la même indépendance, mais incessamment soumise à la surveillance de l'Etat.

ART. 3. L'administration du grand-livre de la dette hypothécaire est autorisée à créer des coupons de rente 5 % au pair.

Ces coupons seront au porteur, et divisés en fractions de 50, 25, 10 et 5 fr. de rente, pour coïncider avec les billets de banque de 1,000, 500, 200 et 100 fr.

Ils auront cours légal et forcé au pair.

ART. 4. Sur la demande des propriétaires fonciers, ces coupons de rente leur seront prêtés dans des limites de prudence et de sécurité dont l'administration sera juge.

Chaque demande sera accompagnée du plan de la propriété servant de gage, d'un devis d'estimation et de l'indication précise du lieu où elle se trouve; le tout signé par le propriétaire et revêtu du visa du géomètre ou architecte-expert de la localité.

Si la propriété est grevée d'hypothèques, un sommaire mentionnera quelle en est la quotité, dans quelle étude de notaire les contrats ont été passés, et quels sont les noms, demeures et professions des titulaires.

L'assurance étant exigée par l'État, comme elle l'est par les prêteurs hypothécaires, le sommaire contiendra aussi l'énoncé de la police que le propriétaire a dû souscrire. Si celui-ci n'est point assuré, il devra, avant toute demande, remplir cette formalité.

Art. 5. Tout propriétaire dont la propriété sera hypothéquée devra rembourser immédiatement les créances premières inscrites qui la grèvent jusqu'à concurrence des sommes qui lui seront prêtées.

Art. 6. L'Etat, représenté par l'administration, est substitué dans ces créances.

Des règlements d'administration détermineront quel mode sera suivi, tant pour surveiller le remboursement aux créanciers inscrits désignés, que pour les substitutions régulières de l'État dans les droits des créanciers remboursés.

Art. 7. L'administration accorde vingt ans au débiteur pour se libérer. Elle lui accorde aussi la faculté de se libérer par annuités. Ces annuités seront appliquées à l'amortissement des rentes créées.

Art. 8. L'administration du grand-livre de la dette hypothécaire n'a d'autre mission que d'apprécier la valeur du gage des propriétaires fonciers, de leur prêter des coupons de rente, d'en payer semestriellement l'intérêt à ceux qui en sont porteurs, de faire rentrer, semestriellement aussi, par l'intermédiaire des agents financiers de l'Etat, les intérêts dûs par les emprunteurs ; de recevoir de la même manière les annuités et de les appliquer à l'amortissement des rentes créées, quand le cours de la rente est au-dessous du pair ou au pair ; de poursuivre enfin l'expropriation à défaut de payement des intérêts. Si le cours de la rente dépasse le pair, l'administration avisera aux moyens les plus sûrs de faire valoir à 5 °/o les sommes qu'elle encaissera.

Cette institution, fondée à l'instar de la Banque de France, dirigée par un gouverneur avec le concours d'un conseil choisi parmi les hommes les plus éminents, ne peut manquer d'inspirer au public la plus complète sécurité.

Elle publiera, à des époques périodiques fixées, la situation de ses opérations.

Art. 9. L'intérêt est dû à l'État à raison de 5 °/o par an,

plus un demi-décime sur le chiffre de l'intérêt pour les frais de perception, payables de six mois en six mois, un mois avant le payement des semestres des coupons de rente, c'est-à-dire à partir du 22 février et 22 août de chaque année.

Il sera perçu par les agents des finances, comme les impôts directs.

ART. 10. Chaque emprunteur a le droit de se libérer par annuités. Moyennant *trois francs* par an, en sus de l'intérêt, il est libéré envers l'État d'une somme de *cent francs*, après vingt annuités ainsi payées.

Ces annuités sont payables, comme les intérêts, de six mois en six mois, soit 1 fr. 50 c. par semestre pour un capital de 100 francs.

L'interruption du payement d'une annuité ne constitue le débiteur en aucune déchéance. Celui-ci ne fait que se nuire à lui-même en ce qu'il recule l'époque de sa libération; car ce n'est qu'après le payement intégral de vingt annuités qu'il peut recevoir mainlevée de l'inscription de l'Etat, et il continue à payer l'intérêt tant qu'il n'a pas retiré cette mainlevée.

Les annuités sont perçues comme les intérêts.

Une quittance spéciale est délivrée pour chaque payement.

ART. 11. Quel que soit le terme du payement des intérêts des coupons délivrés par l'État, quelque rapproché qu'il soit, l'État ou le receveur des finances ne les reçoit que pour leur valeur de capital. Il n'est point établi de décompte pour les intérêts à échoir prochainement.

ART. 12. Le débiteur peut se libérer quand il lui plaît, soit en rentes 5 p. % au pair, quand la rente est au pair ou au-dessous du pair, soit en espèces, quand la rente est au-dessus du pair. Le décompte des annuités payées et des intérêts composés est établi, et le débiteur n'a à payer que le complément.

L'Etat, dans cette mesure toute au profit de la propriété, et par conséquent du pays tout entier, n'entend pas plus profiter de la hausse du cours de la rente que souffrir de sa baisse.

ART. 13. L'administration est tenue d'employer, chaque semestre, les annuités qu'elle reçoit, en rachat de ses coupons de rentes, quand la rente est au pair ou au-dessous du pair. Elle perçoit l'intérêt des coupons rachetés, de semestre en semestre, de manière à agir toujours sur des intérêts composés pour parvenir à l'amortissement complet de sa création, à l'expiration de vingt années.

Si la rente est au-dessus du pair, l'administration peut employer, de concert avec l'Etat, les sommes qu'elle reçoit en espèces, à des grands travaux productifs, mais à ceux seulement qui doivent un jour fournir des produits, pour balancer les portions de rente non éteintes.

Art. 14. Les hypothèques sont divisibles. Lorsque le propriétaire d'un bien hypothéqué en bloc veut le diviser en plusieurs lots, il en fait faire le plan parcellaire, l'estimation de détail d'accord avec le géomètre ou l'architecte-expert du gouvernement, et chaque lot est frappé seulement de l'hypothèque en rente qui a été déclarée lui être afférente.

Ce détail est transcrit, au compte du débiteur, sur le grand-livre de la dette hypothécaire.

Art. 15. Il n'est rien changé au mode de transmission des immeubles. La créance du grand-livre de la dette hypothécaire suit chaque acquéreur, qui profite des annuités payées par son prédécesseur. Aucune restitution à cet égard ne peut être réclamée à l'administration par le vendeur.

Art. 16. En cas de non-payement des intérêts pendant dix-huit mois, l'administration fait exproprier à partir des six derniers mois de la deuxième année. Elle procède comme en matière d'expropriation pour cause d'utilité publique, pour ménager les frais autant que possible.

Comme il ne lui est dû que des intérêts, pendant le laps des vingt années qu'elle accorde pour la rembourser, elle peut procéder, comme en matière d'impôts, par voie de contrainte sur les biens-meubles, tous droits antérieurs de l'Etat pour les contributions et tous droits des propriétaires réservés. Elle ne procède à l'expropriation immobilière qu'après insuffisance dans les biens-meubles pour le payement des intérêts arriérés.

Cet article n'est point absolu. En cas de danger résultant du dépérissement du gage ou de la mauvaise volonté du débiteur, l'administration pourra procéder à l'expropriation aussitôt après un ou deux termes d'intérêts non payés.

ART. 17. Un géomètre ou architecte-expert sera attaché à chaque perception de finances. Il y en aura plusieurs dans les villes et grandes localités. Ils recevront un traitement fixe de l'administration, et il leur sera alloué en outre un droit proportionnel déterminé par l'administration, pour visa des plans et des devis d'estimation. Ce droit proportionnel sera à la charge des propriétaires.

ART. 18. Seront également créés des inspecteurs spéciaux d'hypothèques et des inspecteurs-experts, pour vérifier les opérations dans chaque localité et recevoir les réclamations. Ils seront rétribués par l'Etat.

ART. 19. Les créanciers inscrits et placés dans un rang trop incertain pour que l'administration ait avancé des coupons de rente au débiteur pour rembourser leurs créances, ne pourront, pendant deux ans, à partir du jour où le débiteur aura contracté avec l'Etat, exercer aucune poursuite de saisie immobilière pour intérêts ou capitaux échus et non payés. Ils reprennent tous leurs droits à l'expiration de ces deux ans.

Leurs créances mal assurées n'éprouvent aucun dommage de cette mesure. Elles peuvent s'améliorer au contraire en raison des facilités données au débiteur. Ce délai est nécessaire pour laisser à la propriété le temps de se rasseoir et rendre la vie aux travaux de tous genres qui s'y rattachent.

ARMAND LEULLIER,

Ancien maire, ancien fondateur-gérant du journal des *Conseillers municipaux*.

12, rue Chabrol.

IMPRIMERIE CENTRALE DE NAPOLÉON CHAIX ET Cie, RUE BERGÈRE, 8.

www.ingramcontent.com/pod-product-compliance
Ingram Content Group UK Ltd.
Pitfield, Milton Keynes, MK11 3LW, UK
UKHW032033260826
14628UKWH00006B/2932

9 782012 395473